Impressum
Verlag: BABADADA GmbH, Nedderfeld 112 , 22529 Hamburg
Geschäftsführer / Verlagsleitung: Harald Hof
Druck: Books on Demand GmbH, In de Tarpen 42, 22848 Norderstedt

Imprint
Publisher: BABADADA GmbH, Nedderfeld 112 , 22529 Hamburg, Germany
Managing Director / Publishing direction: Harald Hof
Print: Books on Demand GmbH, In de Tarpen 42, 22848 Norderstedt

sekolahan
學校

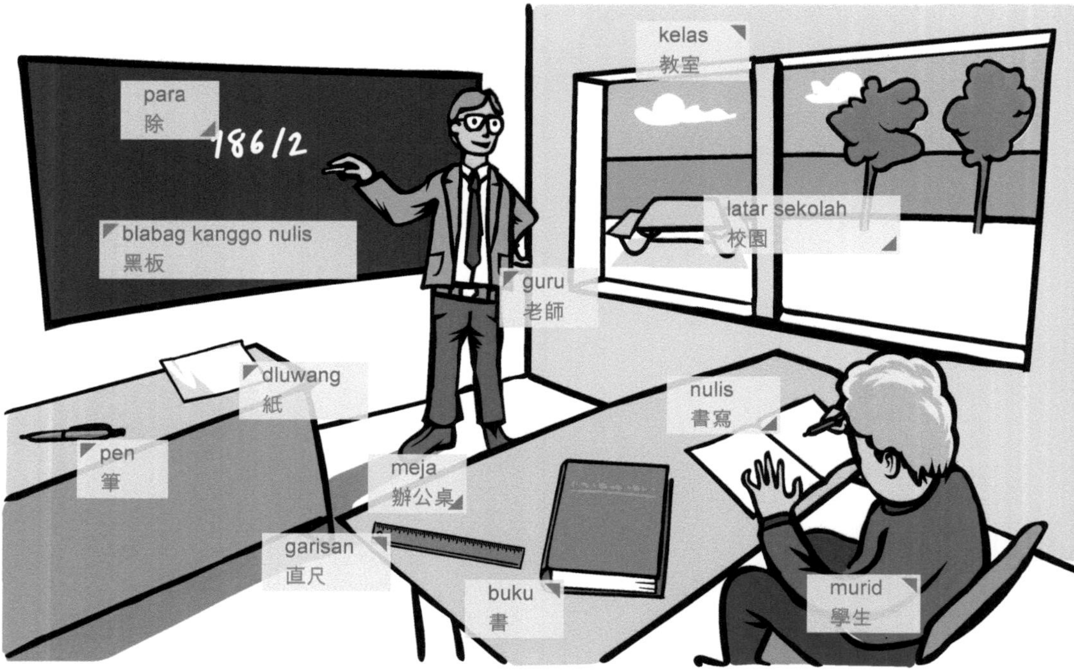

para
除
186/2
blabag kanggo nulis
黑板
kelas
教室
latar sekolah
校園
guru
老師
dluwang
紙
nulis
書寫
pen
筆
meja
辦公桌
garisan
直尺
buku
書
murid
學生

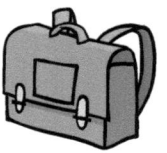

tas sekolah

書包

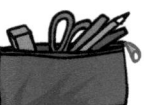

tepak potlot

鉛筆盒

potlot

鉛筆

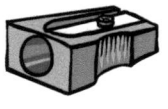

orotan potlot

削鉛筆機

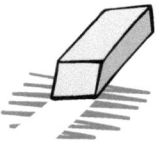

setip

橡皮擦

lemek nggambar

畫板

gambar

圖畫

kuwas

畫筆

tepak cat nggambar

顏料盒

gunting

剪刀

lem

膠水

buku latihan soal

練習冊

pakaryan omah

家庭作業

angka

數字

2+2

tambah

加

5-2

suda

減

ping

乘

itung

計算

A

aksara

字母

ABCDEFG
HIJKLMN
OPQRSTU
VWXYZ

abjad

字母表

tembung

字

teks

課文

maca

讀

kapur

粉筆

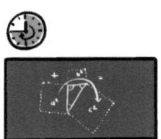

wulangan

上課

dhaptar

登記

ujian

考試

sertipikat

證書

sragam sekolah

校服

pendhidhikan

教育

ensiklopedia

百科全書

universitas

大學

mikroskop

顯微鏡

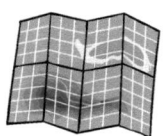

peta

地圖

kranjang larahan

廢紙簍

perjalanan
旅行

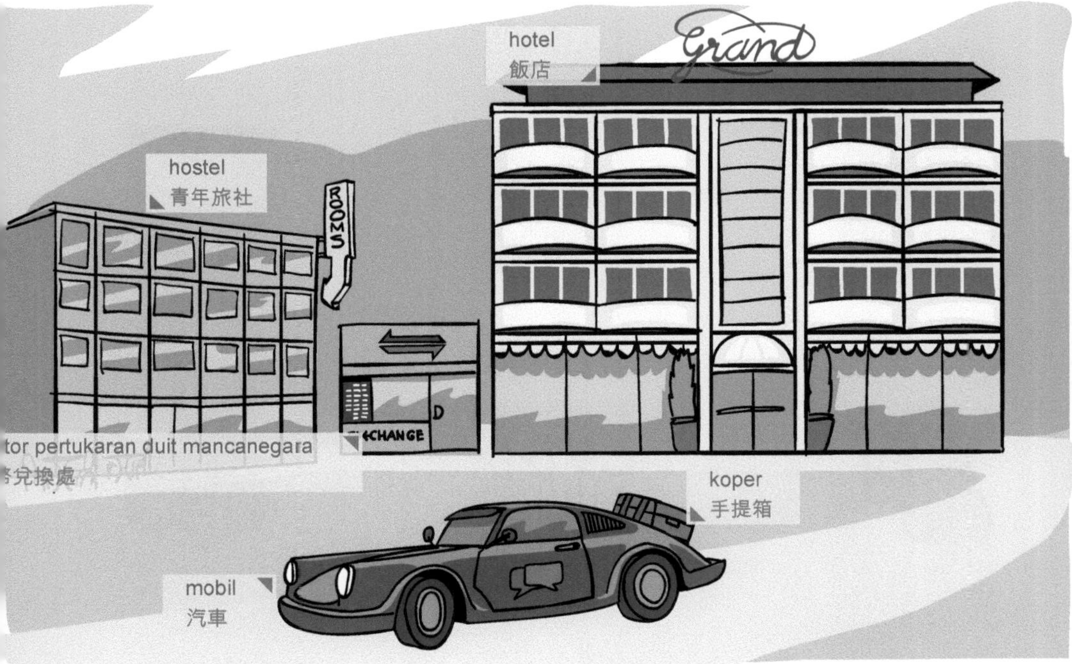

hotel
飯店
Grand
hostel
青年旅社
ROOMS
tor pertukaran duit mancanegara
兌換處
CHANGE
koper
手提箱
mobil
汽車

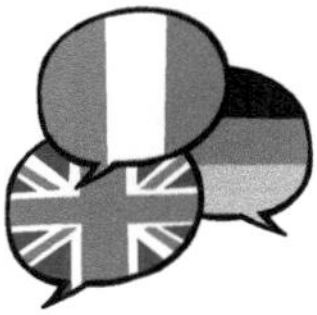

basa

語言

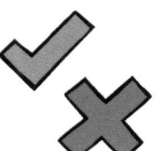

iya / ora

是/否

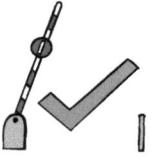

oke

好的

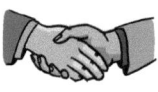

halo

您好

juru basa

翻譯人員

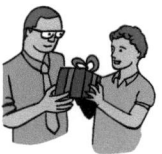

matur nuwun

謝謝

Piro regane ...?

......多少錢？

aku ora ngerti

我不明白

masalah

問題

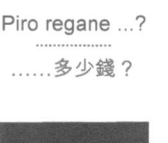

Sugeng dalu!

晚上好！

Sugeng enjang

早上好！

Sugeng dalu!

晚安！

pareng

再見

arah

方向

koper

行李

tas

包

ransel

背包

tamu

客人

kamar

房間

kantong turu

睡袋

tenda

帳篷

informasi turis

旅行資訊

pantai

海灘

kertu kredit

信用卡

sarapan

早餐

mangan awan

午餐

mangan ing wayah bergi

晚餐

tiket

票

lift

電梯

perangko

郵票

watesan

邊界

cukai

海關

kedutaan

大使館

visa

簽證

paspor

護照

angkutan
交通運送

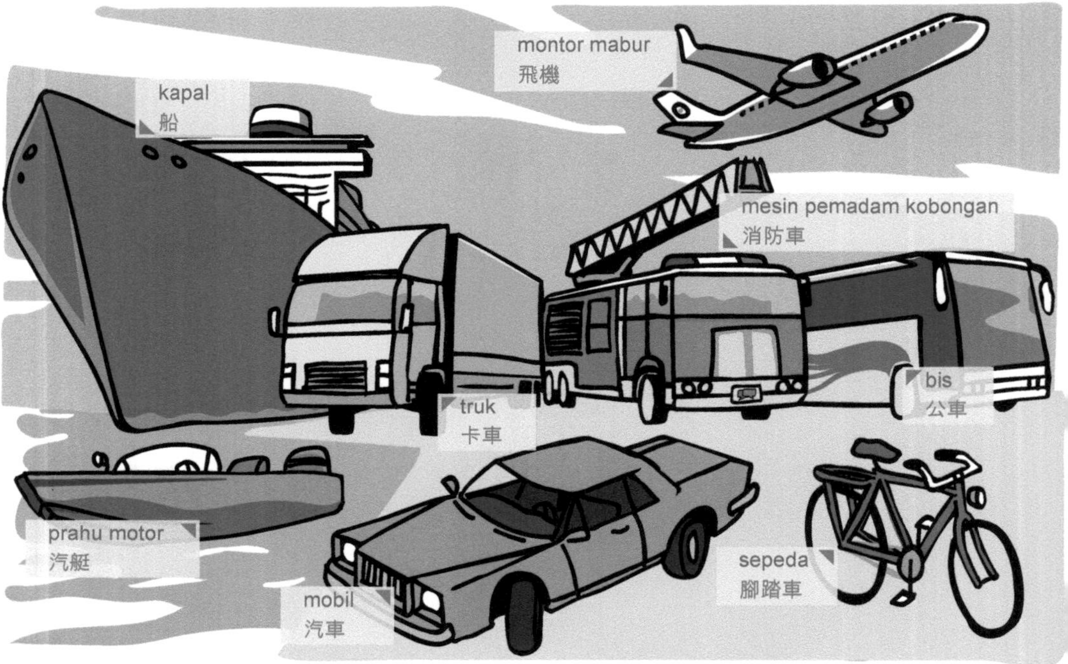

montor mabur
飛機
kapal
船
mesin pemadam kobongan
消防車
bis
公車
truk
卡車
prahu motor
汽艇
sepeda
腳踏車
mobil
汽車

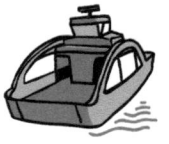

feri
渡輪

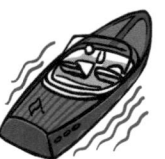

perahu
小船

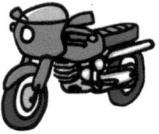

sepeda motor
機車

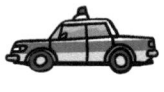

mobil polisi
警車

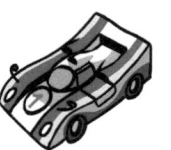

mobil balapan
賽車

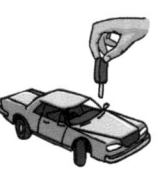

mobil sewa
租車

sewa mobil

拼車

truk derek

拖車

truk resek

垃圾車

motor

馬達

bensin

汽油

pom bensin

加油站

tanda dalan

交通標識

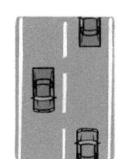

lalu lintas

交通

macet

交通堵塞

parkir mobil

停車場

stasiun sepur

火車站

ril sepur

軌道

sepur

火車

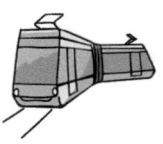

tram

路面電車

grobak

客車廂

helikopter

直升機

lapangan montor mabur

機場

menara

塔

penumpang

乘客

kontener

集裝箱

kerdhus

紙板箱

troli

手推車

kranjang

籃子

mabur / ndarat

起飛/降落

kutha
城市

desa

村莊

tengah kutha

市中心

omah

房子

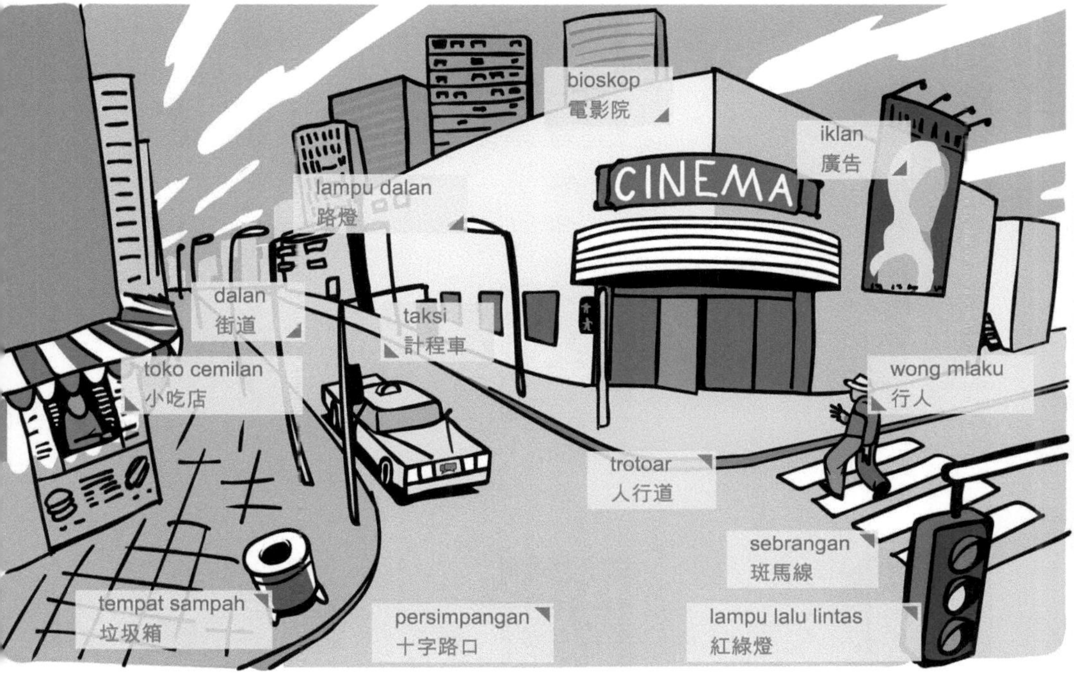
bioskop
電影院
iklan
廣告
lampu dalan
路燈
CINEMA
dalan
街道
taksi
計程車
toko cemilan
小吃店
wong mlaku
行人
trotoar
人行道
sebrangan
斑馬線
tempat sampah
垃圾箱
persimpangan
十字路口
lampu lalu lintas
紅綠燈

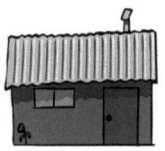

gubuk

小屋

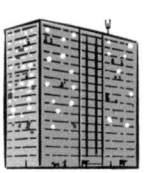

apartemen

公寓

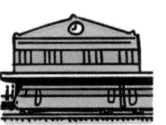

stasiun sepur

火車站

bale kutha

市政廳

MUSEUM

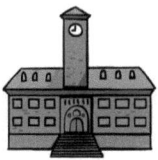

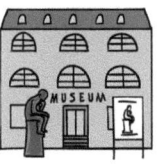

museum

博物館

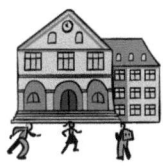

sekolahan

學校

universitas

大學

bank

銀行

griya sakit

醫院

hotel

飯店

apotek

藥房

kantor

辦公室

toko buku

書店

toko

商店

toko kembang

花店

supermarket

超市

pasar

市場

toko sarwa ana

百貨商店

toko iwak

魚店

mal

購物中心

pelabuhan

海港

taman

公園

bangku

長凳

tretek

橋

andha

樓梯

metro

捷運

trowongan

隧道

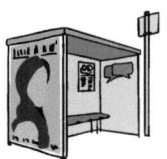

halte bis

公車站

bar

酒吧

restoran

餐館

kotak surat

郵筒

pratandha dalan

路標

meteran parkir

停車計時器

kebon kewan

動物園

kolam renang

游泳池

masjid

清真寺

kebon

農場

polusi

污染

kuburan

墓地

greja

教堂

panggon dolanan

操場

candi

寺廟

lanskap

地形

godong
樹葉

plang
指示牌

dalan
路

beran
草地

watu
石頭

uwit
樹

wong munggah
徒步旅行者

kali
河

suket
草

kembang
花

lembah

峽谷

bukit

丘陵

tlogo

湖

alas

森林

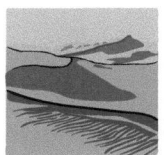

ara-ara

沙漠

gunung geni

火山

keraton

城堡

kluwung

彩虹

jamur

蘑菇

uwit palem

棕櫚樹

lemut

蚊子

laler

蒼蠅

semut

螞蟻

tawon

蜜蜂

angga-angga

蜘蛛

kumbang

甲蟲

kodok

青蛙

bajing

松鼠

landhak

刺蝟

truwelu

野兔

manuk dares

貓頭鷹

manut

鳥

banyak

天鵝

celeng

野豬

kidang

鹿

menjangan

麋鹿

bendungan

水壩

turbin angin

風力發電機

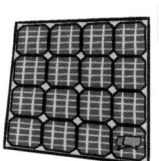

panel srengenge

太陽能電池板

iklim

氣候

restoran

餐館

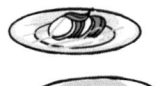

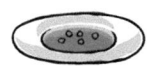

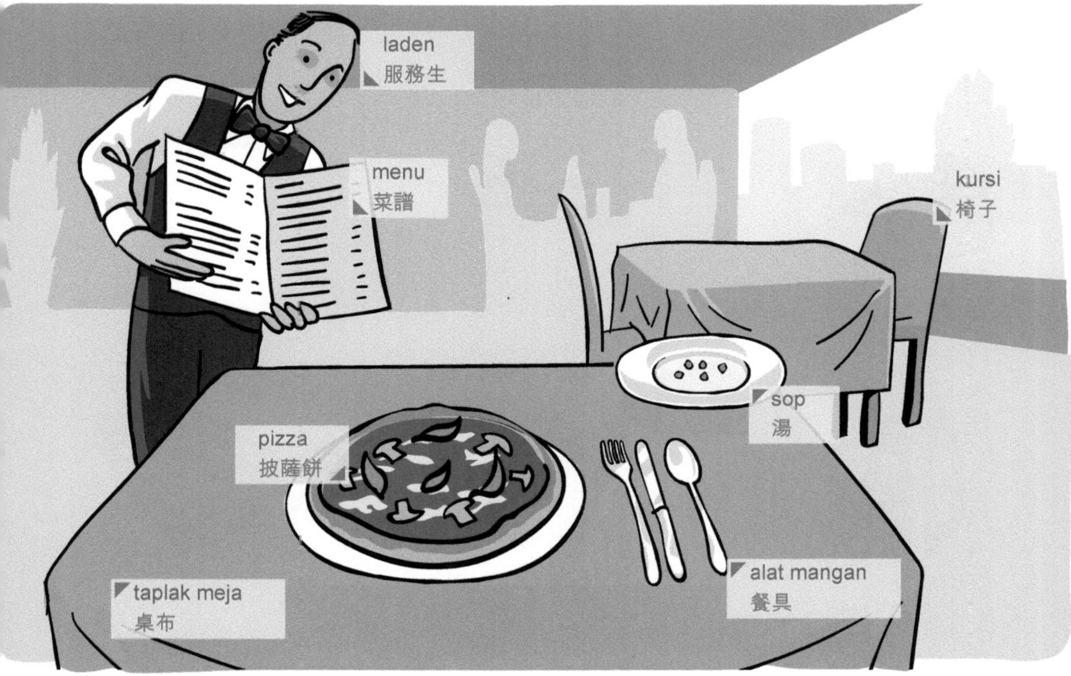

laden
服務生
menu
菜譜
kursi
椅子
sop
湯
pizza
披薩餅
taplak meja
桌布
alat mangan
餐具

hidangan pambuka

前菜

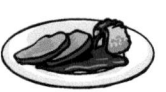

menu utama

主菜

hidangan penutup

甜點

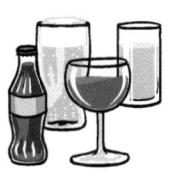

ombenan

飲料

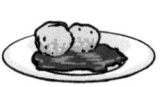

panganan

食物

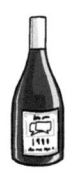

gendul

瓶子

panganan instan

速食

jajan cemilan

街邊小吃

ceret teh

茶壺

kaleng gula

糖盒

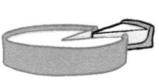

porsi

一份飯菜

mesin espresso

義式咖啡機

kursi duwur

高腳椅

tagihan

帳單

baki

托盤

lading

刀

sendok garpu

餐叉

sendok

勺子

sendok teh

茶匙

serbet

餐巾

gelas

玻璃杯

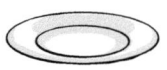

piring

碟子

piring sop

湯盤

lepek

碟子

duduh

醬

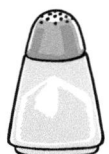

gendul uyah

鹽瓶

bubuk mrico

胡椒研磨罐

cuka

醋

lenga

食用油

bumbon

調味料

saos tomat

番茄醬

mustar

芥末

mayones

美乃滋

supermarket
超市

tawaran khusus
特價
FOR
langganan
顧客
produk saka susu
乳製品
woh-wohan
水果
troli
購物車

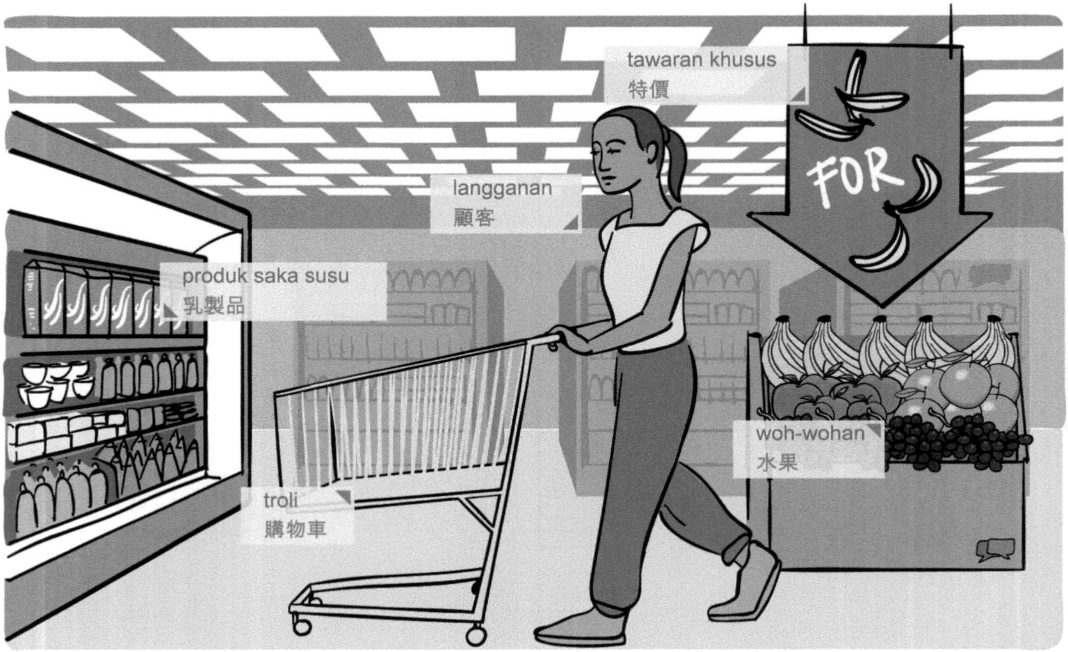

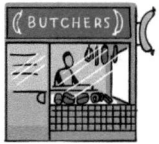

BUTCHERS

toko daging

肉鋪

BAKERY

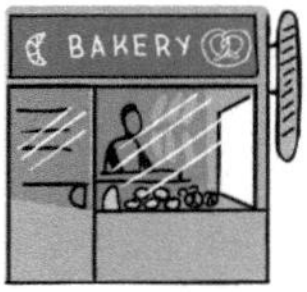

toko roti

麵包店

nimbang

稱重

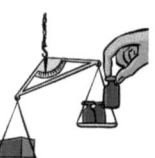

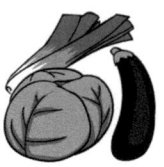

janganan

蔬菜

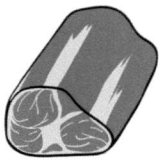

daging panggang

肉

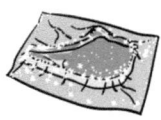

panganan beku

冷凍食品

irisan daging

冷盤

panganan kaleng

罐頭食品

deterjen

洗衣粉

permen

甜食

produk reresik omah

日用品

produk reresik

清潔用品

bakul

銷售員

mesin kasir

收銀機

kasir

收銀員

daftar blanja

購物清單

jam buka

開放時間

dompet

錢包

kertu kredit

信用卡

tas

袋子

tas kresek

塑膠袋

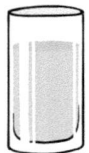

banyu

水

jus

果汁

susu

牛奶

ombenan kanthi karbon

可樂

anggur

紅酒

bir

啤酒

alkohol

酒

coklat

可可

teh

茶

kopi

咖啡

espresso

義式濃縮咖啡

cappuccino

卡布奇諾

gedhang

香蕉

apel

蘋果

jeruk

柳丁

semangka

西瓜

jeruk lemon

檸檬

wortel

胡蘿蔔

bawang

大蒜

pring

竹子

bawang

洋蔥

jamur

蘑菇

kacang

堅果

bakmi

麵條

spageti

義大利麵

sego

米飯

salad

沙拉

kentang goreng

薯條

kentang goreng

炸馬鈴薯

pizza

披薩餅

hamburger

漢堡

roti isi

三明治

daging irisan

炸豬排

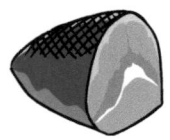

daging ham

火腿

salami

義大利臘腸

sosis

香腸

pitik

雞肉

daging panggang

烤肉

iwak

魚

bubur gandum

燕麥片

muesli

木斯里

sereal jagung

玉米片

glepung

麵粉

croissant

牛角麵包

roti

麵包捲

roti

麵包

roti panggang

吐司

biskuit

餅乾

mertega

奶油

dadih

凝乳

kue

蛋糕

endog

蛋

endog goreng

煎蛋

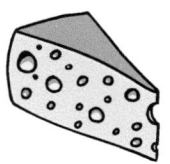

keju

起司

es krim

冰淇淋

gula

糖

madu

蜂蜜

sele

果醬

krim nugat

巧克力醬

kare

咖哩

kebon
農場

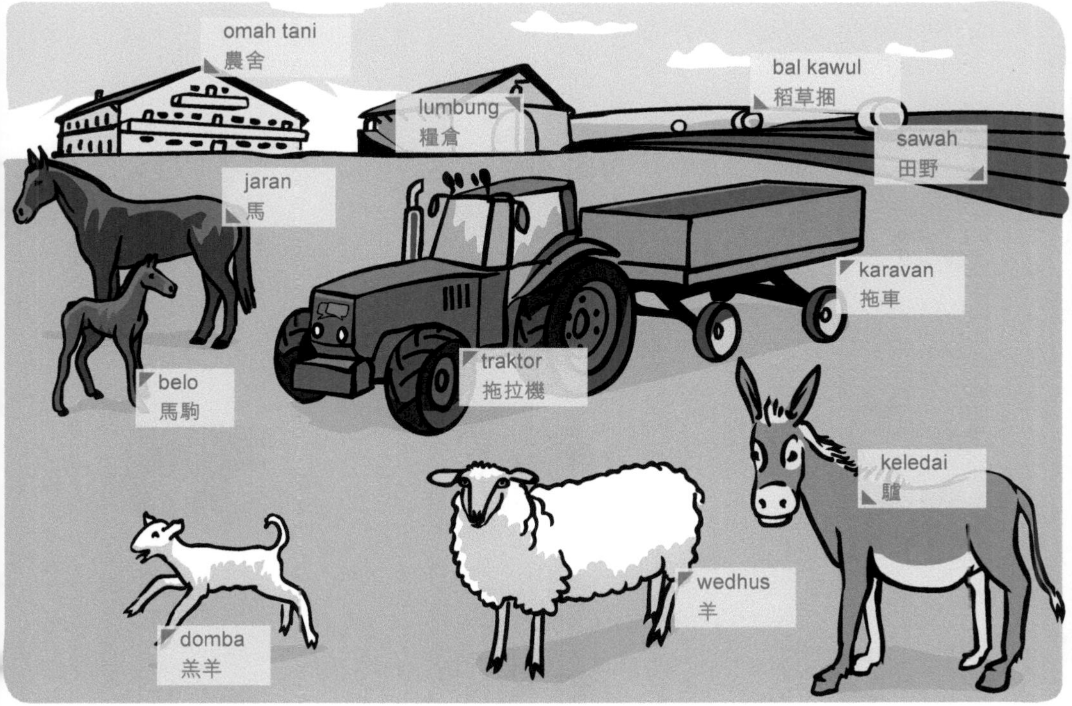
omah tani
農舍
bal kawul
稻草捆
lumbung
糧倉
sawah
田野
jaran
馬
karavan
拖車
traktor
拖拉機
belo
馬駒
keledai
驢
wedhus
羊
domba
羔羊

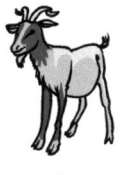

wedhus
山羊

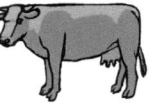

sapi
奶牛

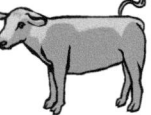

pedhet
小牛

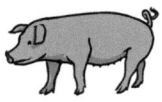

babi
豬

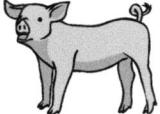

gambluk
小豬

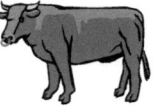

kebo
公牛

banyak

鵝

bebek

鴨

kuthuk

小雞

babon

母雞

jago

公雞

tikus

鼠

kucing

貓

tikus

老鼠

sapi

牛

asu

狗

kandang asu

狗屋

selang

花園澆水軟管

gembor

澆水壺

arit gede

長柄大鐮刀

waluku

犁

arit gede

鐮刀

pacul

鋤頭

garu

長柄草耙

kapak

斧頭

grobak surung

獨輪手推車

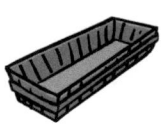

wadah pakan

飼料槽

kaleng susu

牛奶罐

karung

麻布袋

pager

柵欄

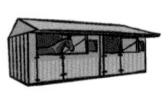

kandang

馬廄

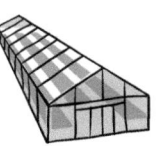

omah kaca

溫室

lemah

土壤

wiji

種子

rabuk

肥料

traktor panen

聯合收割機

manen

收割

panen

收割

ubi

地瓜

gandum

小麥

kedelai

大豆

kentang

土豆

jagung

玉米

lobak

油菜籽

wit woh-wohan

果樹

telo

樹薯

sereal

穀物

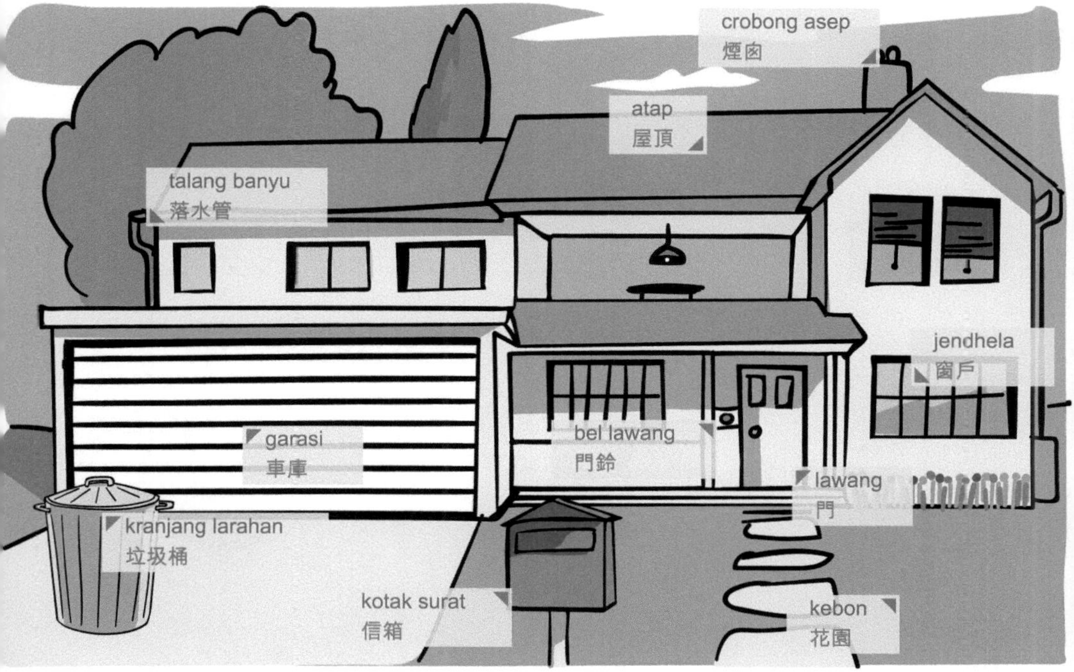

crobong asep
煙囪

atap
屋頂

talang banyu
落水管

jendhela
窗戶

garasi
車庫

bel lawang
門鈴

lawang
門

kranjang larahan
垃圾桶

kotak surat
信箱

kebon
花園

ruang tamu
客廳

jedhing
浴室

pawon
廚房

kamar turu
臥室

kamar anak
兒童房

kamar panedhaan
餐廳

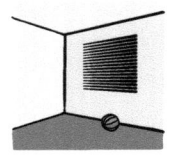

jobin

地板

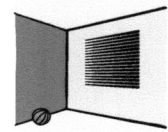

tembok

牆壁

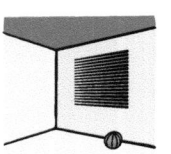

pyan

天花板

gudhang ing njero lemah

地窖

sauna

三溫暖

balkon

陽臺

teras

露臺

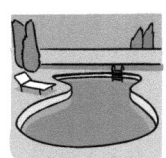

blumbang kanggo nglangi

游泳池

mesin kanggo motong suket

割草機

lembaran

被單

sprei

床罩

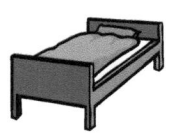

dipan

床

sapu

掃帚

ember

水桶

tombol

開關

ruang tamu
客廳

kertas tembok
壁紙
gambar
相片
lampu
檯燈
rak
擱架
lemari
櫥櫃
TV
電視
perapian
壁爐
kəmbang
花
bantal
墊子
sofa
沙發
vas
花瓶
remot kontrol
遙控器

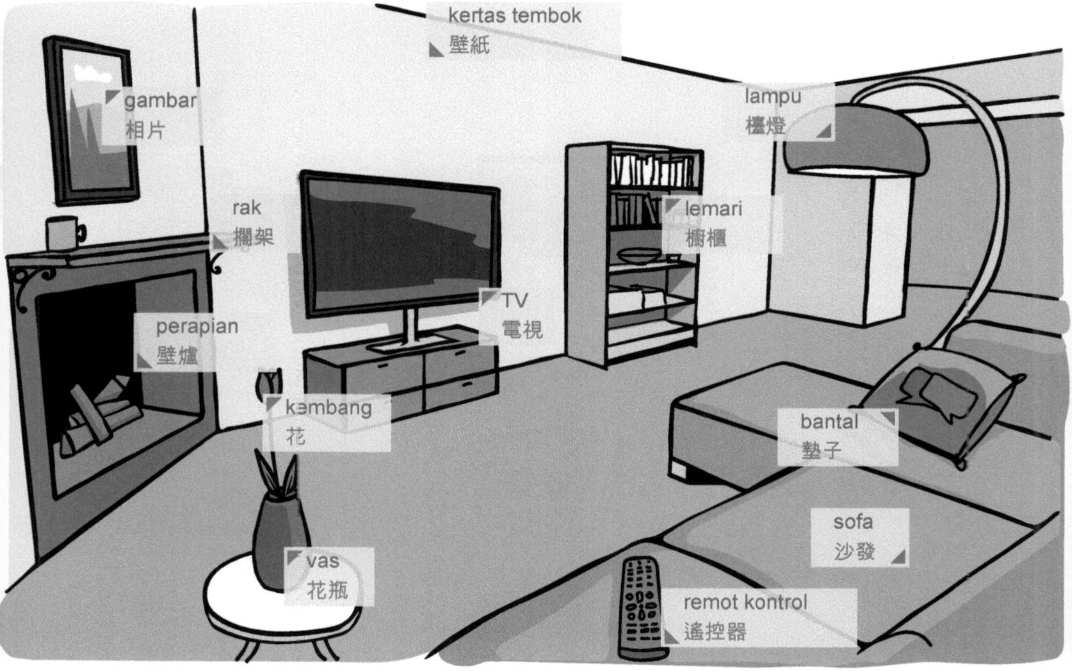

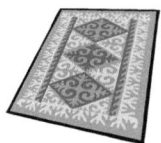

karpet

地毯

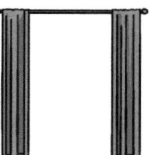

korden

窗簾

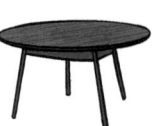

meja

餐桌

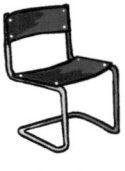

kursi

椅子

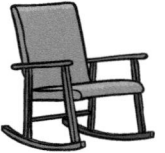

kursi goyang

搖椅

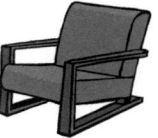

kursi tangan

扶手椅

buku

書

selimut

毯子

dekorasi

裝飾品

kayu bakar

木柴

film

電影

hi-fi

高傳真音響

kunci

鑰匙

koran

報紙

lukisan

油畫

poster

海報

radio

收音機

buku catetan

筆記本

penyedot lebut

吸塵器

kaktus

仙人掌

lilin

蠟燭

pawon
廚房

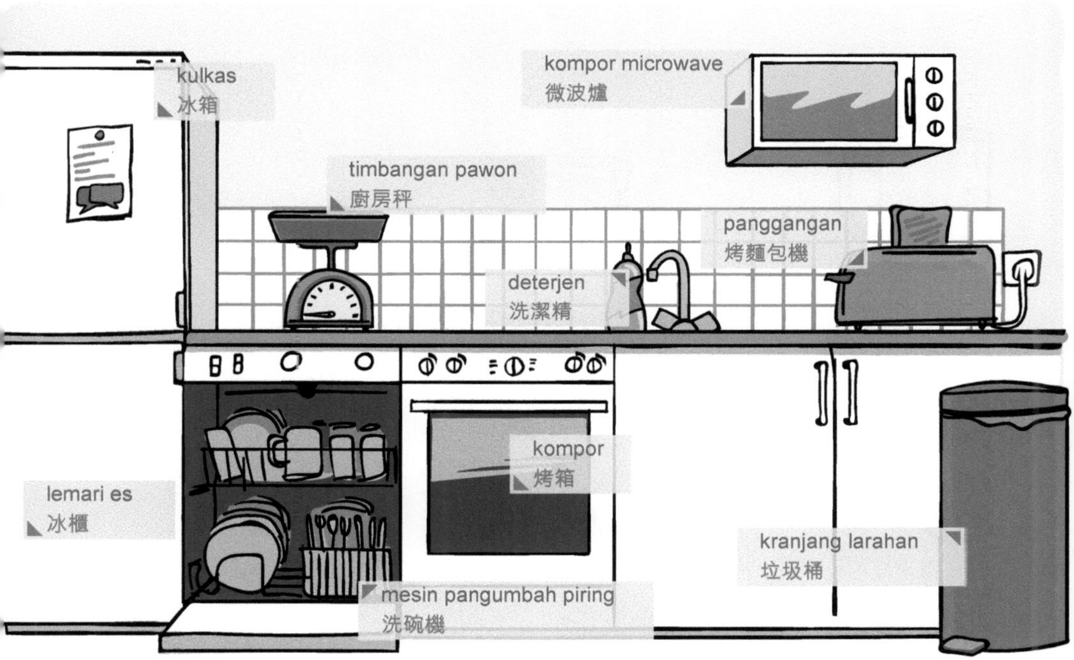

kulkas
冰箱
kompor microwave
微波爐
timbangan pawon
廚房秤
panggangan
烤麵包機
deterjen
洗潔精
kompor
烤箱
lemari es
冰櫃
kranjang larahan
垃圾桶
mesin pangumbah piring
洗碗機

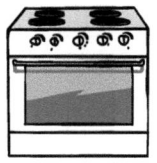

kompor
炊具

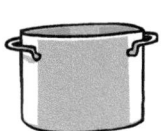

panci
鍋

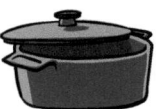

panci wesi
鑄鐵鍋

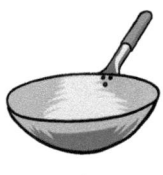

wajan
炒鍋

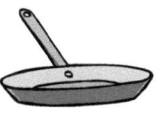

wajan
平底鍋

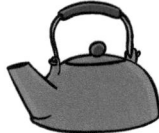

ceret
水壺

kukusan

蒸鍋

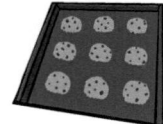

loyang

烤盤

pecah belah

陶瓷鍋

mug

馬克杯

mangkok

碗

sumpit

筷子

irus

長柄勺

solet

鏟子

udeg

攪拌器

ayakan

濾網

saringan

篩子

parutan

磨碎機

lumpang

研缽

panggangan

燒烤

geni

明火

telenan

菜板

gilingan adonan

擀麵杖

kotrek

開瓶器

kaleng

罐子

bukaan kaleng

開罐器

cempal

隔熱手套

wastafel

水槽

sikat

刷子

sepon

海綿

blender

攪拌機

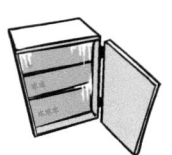

kulkas

冷藏箱

gendul bayi

奶瓶

kran

水龍頭

jedhing
浴室

alat manasi
供暖裝置

pancuran
淋浴

andhuk
毛巾

klambu jedhing
浴簾

adhus unthuk
泡沫浴

bak adhus
浴缸

gelas
玻璃杯

mesin ngumbah
洗衣機

kran
水龍頭

tekel
瓷磚

pispot
便壺

wastafel
水槽

jamban
廁所

jamban dhodhok
蹲便器

bidet
坐浴器

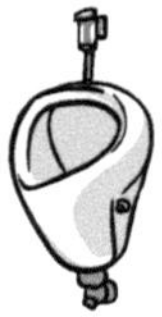

pissoir
小便斗

tisu jamban
廁紙

sikat jamban
馬桶刷

sikat untu

牙刷

odol

牙膏

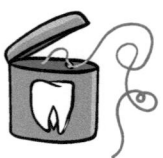

bolah untu

牙線

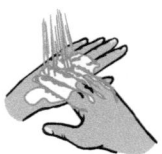

ngumbahi

洗

gagang shower

手持式蓮蓬頭

pancuran

沖洗器

baskom

洗臉盆

sikat geger

洗背刷

sabun

肥皂

gel pancuran

沐浴露

sampo

洗髮乳

hem

法蘭絨

nguras

排水

krim

乳霜

deodoran

除臭劑

pangilon

鏡子

koco tangan

手鏡

silet

刮鬍刀

umpluk cukur

刮鬍泡沫

aftershave

鬚後水

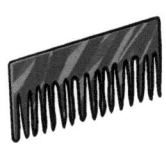

jungkat

梳子

sikat untu

刷子

hairdryer

吹風機

hairspray

噴髮定型劑

dandanan

化妝品

gincu

唇膏

kuteks

指甲油

kapas

化妝棉

gunting kuku

指甲剪

parfum

香水

kantong adhus
洗漱包

dingklik
凳子

timbangan
計重秤

jubah kanggo sawise adhus
浴袍

sarung karet
橡膠手套

tampon
衛生棉條

pembalut
衛生棉

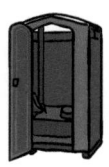

jamban nganggo bahan
kimia
化學廁所

kamar anak

兒童房

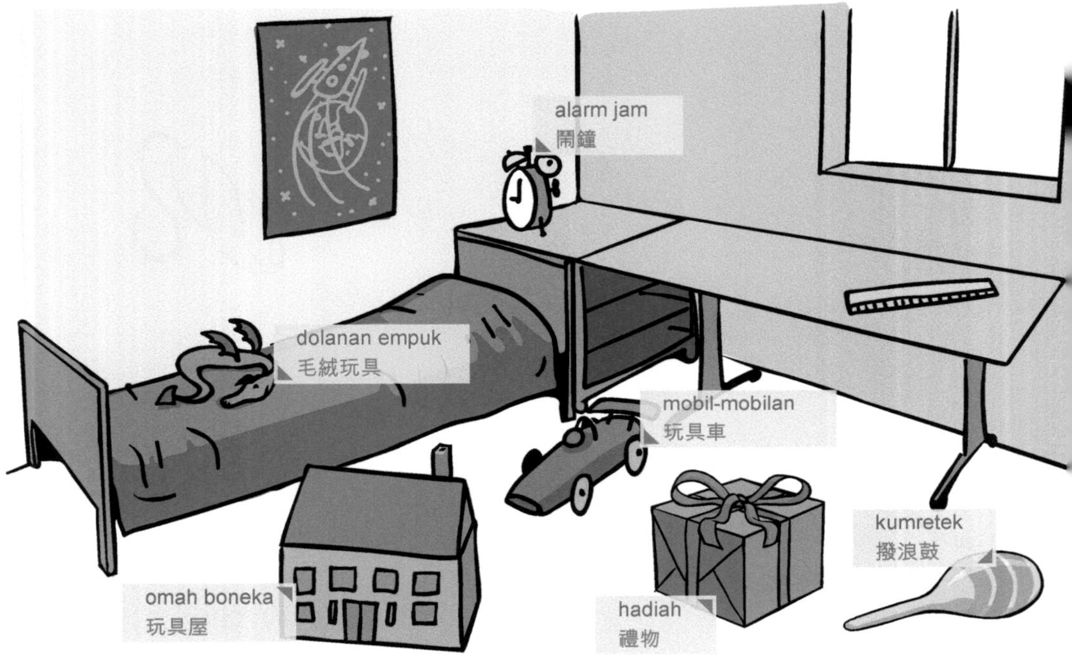
alarm jam
鬧鐘
dolanan empuk
毛絨玩具
mobil-mobilan
玩具車
kumretek
撥浪鼓
omah boneka
玩具屋
hadiah
禮物

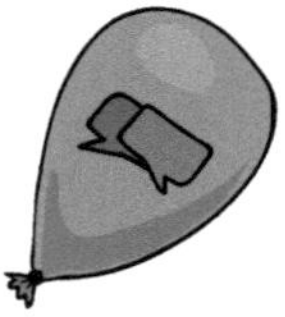

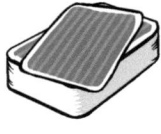

balon

氣球

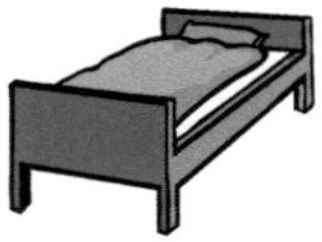

dipan

床

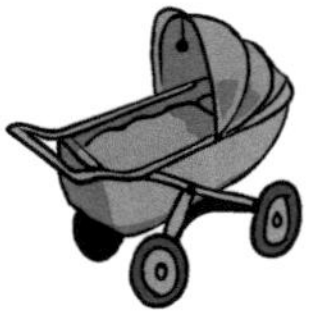

kreto bayi

嬰兒車

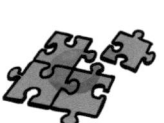

meja kertu

撲克牌

teka-teki

拼圖

komik

漫畫

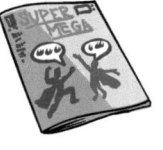

bata lego

樂高積木

balok dolanan

積木玩具

boneka aksi

公仔

klambi bayi

嬰兒服

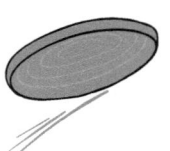

frisbee

飛盤

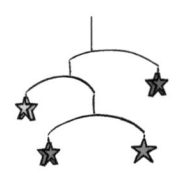

dolanan gantungan

床鈴玩具

dolanan meja

棋盤遊戲

dadu

骰子

sepur dolanan

火車模型

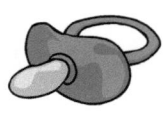

dot

安撫奶嘴

pesta

派對

buku gambar

繪本

bal

球

boneka

洋娃娃

dolanan

玩

panggon dolanan pasir

沙坑

ayunan

鞦韆

dolanan

玩具

konsol video game

電玩遊戲

sepeda roda telu

三輪車

beruang teddy

泰迪熊

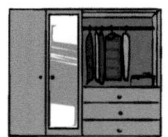

lemari sandhangan

衣櫃

klambi

衣服

kaos kaki

襪子

stoking

長襪

kathok singset

緊身褲

slendang
圍巾

payung
雨傘

sabuk
皮帶

kaos oblong
T恤

sepatu bot
靴子

slop
拖鞋

sepatu kets
運動鞋

sandal
涼鞋

sepatu
鞋

sepatu bot karet
雨靴

sempak
內褲

kutang
胸罩

rompi
背心

klambi - 衣服   45

awak

身體

kathok

褲子

kathok jins

牛仔褲

rok

短裙

blus

女式襯衫

klambi

襯衫

jaket nganggo kudung

套頭衫

sweter

連帽上衣

blezer

西裝夾克

jaket

夾克

mantel

外套

jas udan

雨衣

kostum

套裝

gaun

連衣裙

gaun manten

婚紗

setelan

西裝

klambi kanggo turu

睡袍

piyama

睡衣

kain sari

莎麗

kudung

頭巾

serban

包頭巾

cadar

波卡

kaftan

卡夫坦

abaya

(阿拉伯式)長袍

klambi kanggo nglangi

泳衣

kathok renang

男式泳褲

kathok cekak

短褲

klambi trening

運動服

celemek

圍裙

sarung tangan

手套

benik

鈕扣

kacamata

眼鏡

gelang

手鏈

kalung

項鍊

ali-ali

戒指

anting-anting

耳環

peci

便帽

gantungan mantel

衣架

topi

帽子

dasi

領帶

slerekan

拉鍊

helem

安全帽

bretel

背帶

sragam sekolah

校服

sragam

制服

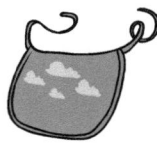

oto

圍兜

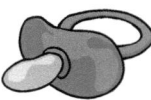

dot

安撫奶嘴

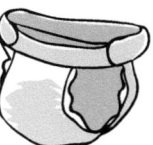

popok

尿布

kantor
辦公室

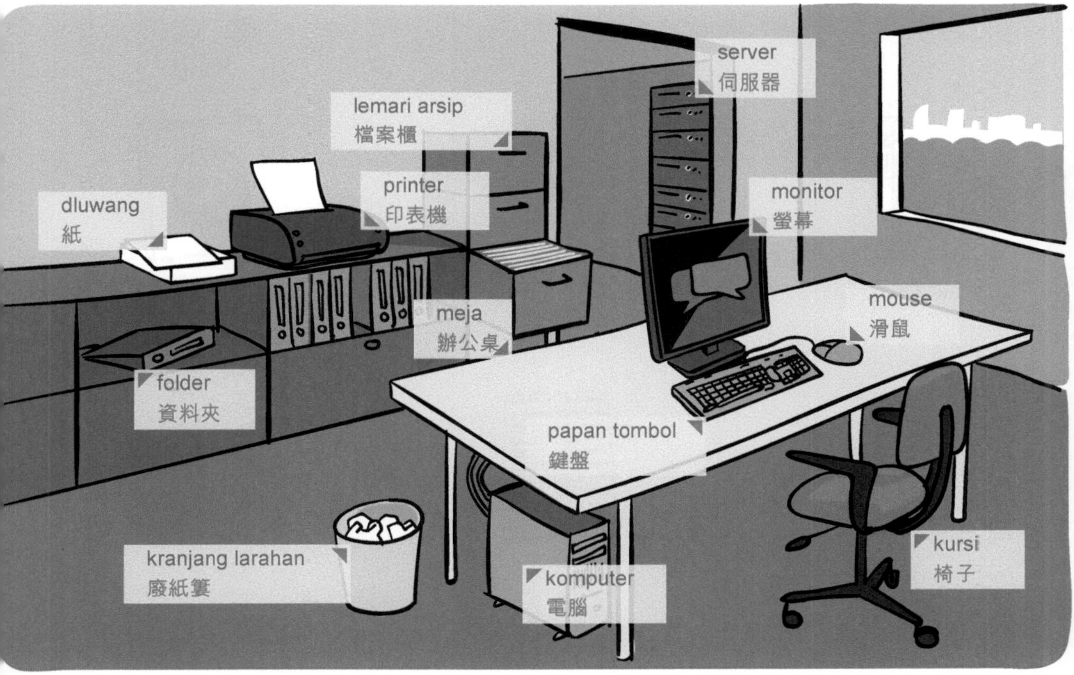
server
伺服器
lemari arsip
檔案櫃
printer
印表機
dluwang
紙
monitor
螢幕
mouse
滑鼠
meja
辦公桌
folder
資料夾
papan tombol
鍵盤
kranjang larahan
廢紙簍
komputer
電腦
kursi
椅子

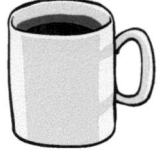

cangkir kopi

咖啡杯

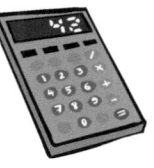

kalkulator

計算機

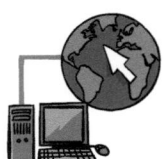

internet

網際網路

laptop

筆記型電腦

surat

信件

pesen

簡訊

HP

行動電話

jaringan

網路

mesin fotokopi

影印機

software

軟體

telpon

電話

colokan

插座

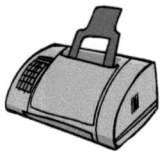

mesin faksimili

傳真機

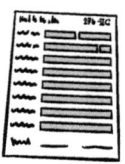

blangko

表格

dokumen

檔案

tuku

買

mbayar

付錢

bebakulan

交易

duit

現金

dolar

美元

euro

歐元

yen

日元

rubel

盧布

franc Swiss

瑞士法郎

yuan renminbi

人民幣

rupe

盧比

cash point

提款處

kantor pertukaran duit
mancanegara

外幣兌換處

emas

金

perak

銀

minyak

石油

energi

能源

rego

價格

kontrak

合約

pajek

稅金

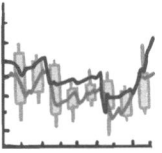

saham

股票

kerjo

工作

pegawe

職員

juragan

老闆

pabrik

工廠

toko

商店

gawean
職業

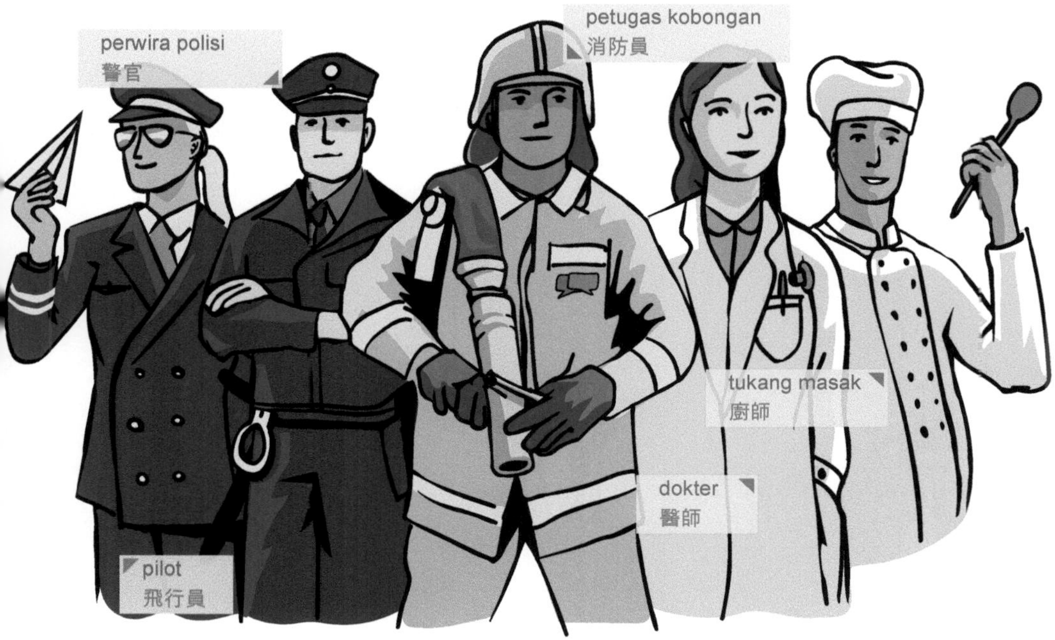

perwira polisi
警官
petugas kobongan
消防員
tukang masak
廚師
dokter
醫師
pilot
飛行員

tukang kebon

園丁

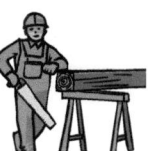

tukang kayu

木匠

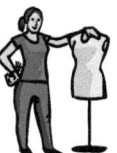

tukang jahit

裁縫

hakim

法官

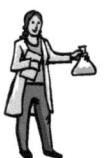

ahli kimia

化學家

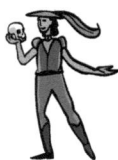

aktor

演員

sopir bis

公車司機

sopir taksi

計程車司機

nelayan

漁夫

tukang reresik

清洗女工

tukang pasang gendheng

屋頂工

laden

服務生

pamburu

獵人

pelukis

畫家

tukang roti

麵包師

tukang listrik

電工

tukang mbangun

建築工人

insinyur

工程師

jagal

屠夫

tukang ledeng

水管工

tukang pos

郵差

tentara

士兵

arsitek

建築師

kasir

收銀員

bakul kembang

花農

juru rambut

理髮師

kondektur

售票員

mekanik

機械技師

kapten

船長

dokter untu

牙醫

ilmuwan

科學家

rabbi

拉比

imam

伊瑪目

biksu

和尚

pandhita

牧師

alat
工具

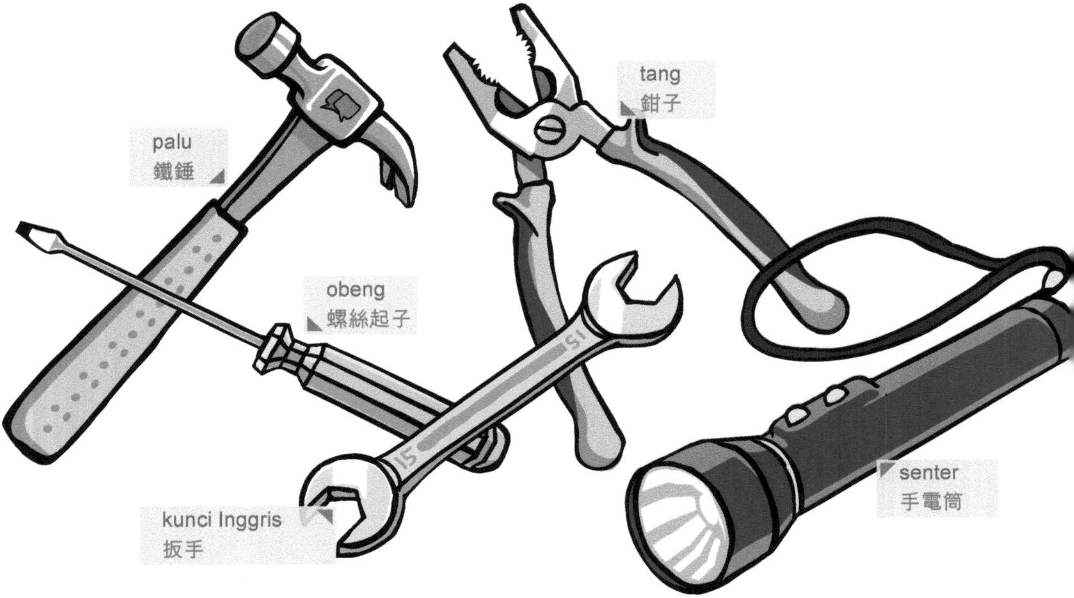

tang
鉗子
palu
鐵錘
obeng
螺絲起子
senter
手電筒
kunci Inggris
扳手

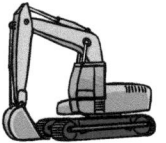

mesin kerukan

挖掘機

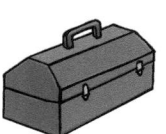

wadah perkakas

工具箱

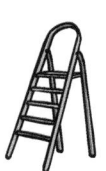

andha

梯子

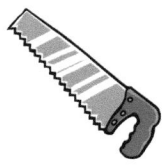

graji

鋸子

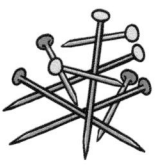

paku

釘子

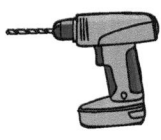

bur

鑽機

ndandani

修

sekop

鏟子

Bajigur!

糟糕！

serok

畚箕

kaleng cat

油漆桶

sekrup

螺絲

alat musik
樂器

speker
揚聲器

sak set tambur
打擊樂器

gitar
吉他

bass dobel
低音提琴

trompet
小號

piano

鋼琴

biola

小提琴

bass

貝斯

timpani

定音鼓

tambur

鼓

keyboard

電子琴

saksofon

薩克斯風

suling

長笛

mikropon

麥克風

kebon kewan
動物園

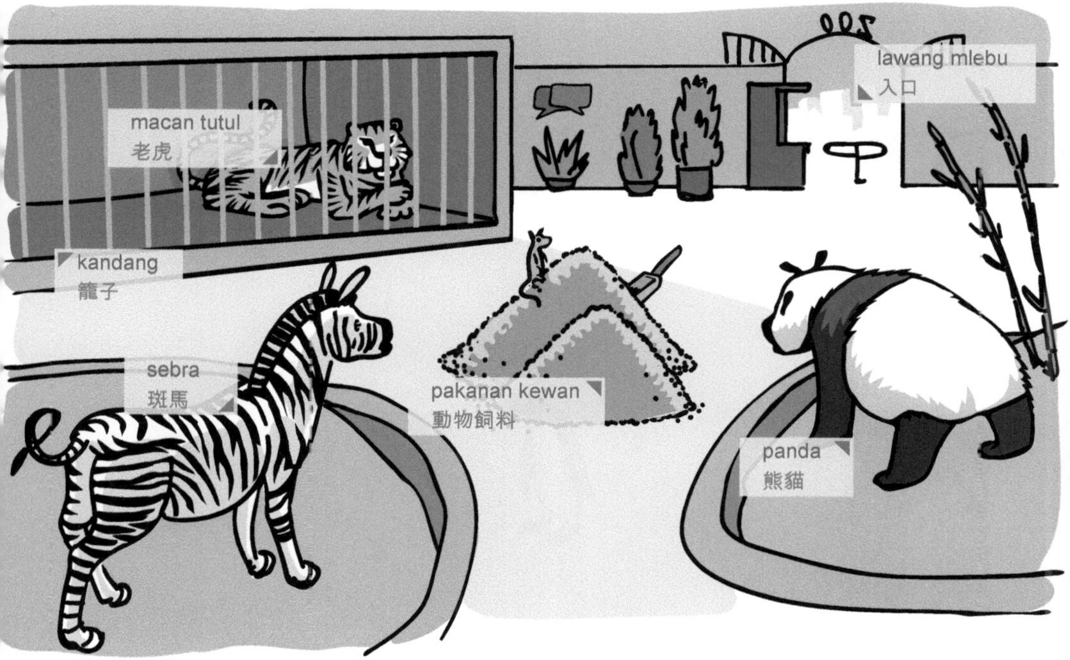
lawang mlebu
入口
macan tutul
老虎
kandang
籠子
sebra
斑馬
pakanan kewan
動物飼料
panda
熊貓

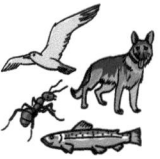

kewan

動物

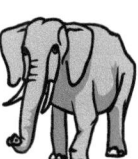

gajah

大象

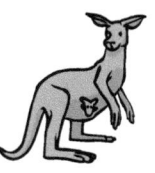

kanguru

袋鼠

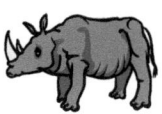

badak

犀牛

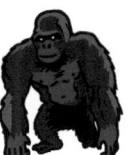

gorila

大猩猩

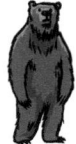

beruang

熊

unta

駱駝

manuk unta

鴕鳥

singa

獅子

kethek

猴子

flamingo

紅鶴

bethet

鸚鵡

beruang kutub

北極熊

pinguin

企鵝

hiu

鯊魚

merak

孔雀

ula

蛇

baya

鱷魚

juru kunci kebon kewan

動物園管理員

singa segara

海豹

jaguar

美洲豹

jaran poni

矮種馬

macan tutul

豹

kuda nil

河馬

jrapah

長頸鹿

garudha

老鷹

celeng

野豬

iwak

魚

bulus

龜

walrus

海象

rubah

狐狸

kidang

羚羊

bal-balan Amerika
橄欖球

sepedahan
騎腳踏車

tenis
網球

basket
籃球

nglangi
游泳

tinju
拳擊

hoki es
冰球

bal-balan
美式足球

badminton
羽毛球

atletik
田徑

bal tangan
手球

ski
滑雪

polo
馬球

ngguyu
笑

mencolot
跳

ngrangkul
擁抱

mlaku
走路

nembang
唱

ngimpi
做夢

ndonga
祈禱

ngambung
親吻

nulis
書寫

nggambar
畫

nuduhake
展示

mencet
推

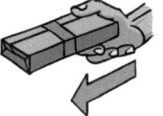

menehi
給

njupuk
拿

duweni

有

nindakake

做

yaiku

當

ngadek

站

mlayu

跑

narik

拉

nguncalake

丟

tiba

摔倒

ngapusi

躺

ngenteni

等待

nggawa

攜帶

lungguh

坐

klamben

穿衣

turu

睡覺

tangi

醒來

ndheleng

看

nangis

哭

ngelus

擊

njungkati

梳頭

ngomong

交談

mangerteni

明白

takon

問

ngrungoake

聽

ngombe

喝

mangan

吃

ngrapiake

清理

nrisnani

愛

masak

做飯

nyopir

開車

mabur

飛

nglayar

航行

itung

計算

maca

讀

sinau

學習

kerjo

工作

ngrabi

結婚

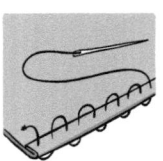

njahit

縫

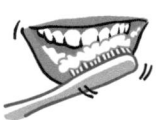

nyikat untu

刷牙

mateni

殺

ngrokok

抽菸

ngirim

寄

keluarga
家

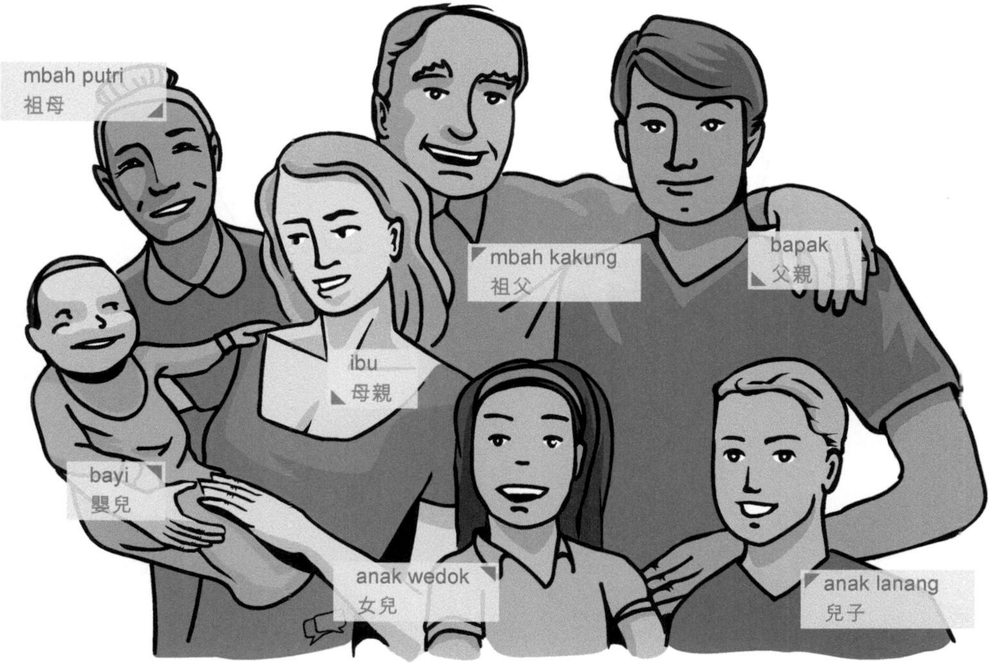
mbah putri
祖母
mbah kakung
祖父
bapak
父親
ibu
母親
bayi
嬰兒
anak wedok
女兒
anak lanang
兒子

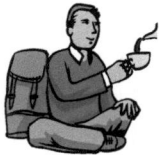

tamu

客人

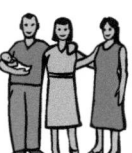

bu lik

阿姨

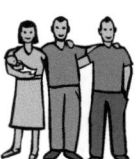

pak lik

叔叔

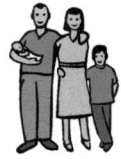

dulur lanang

兄弟

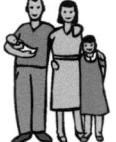

dulur wadon

姐妹

awak

身體

bathuk
前額
mripat
眼睛
pundhak
肩膀
driji
手指
pasuryan
臉
janggut
下巴
tangan
手
sikil
腿
payudara
乳房
lengen
手臂

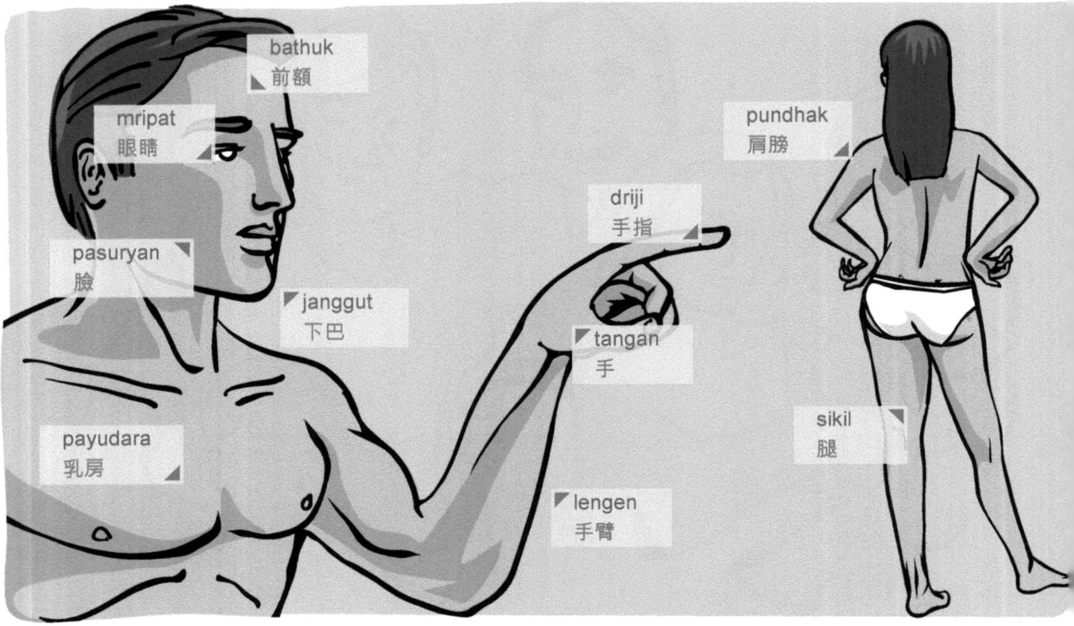

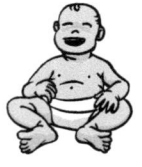

bayi

嬰兒

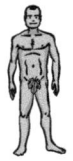

lanang

男人

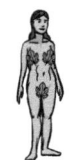

wadon

女人

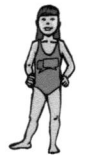

bocah wadon

女孩

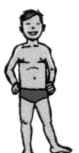

bocah lanang

男孩

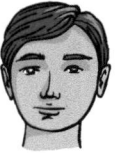

sirah

頭

geger

背部

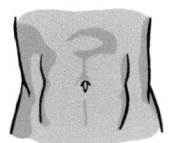

weteng

肚子

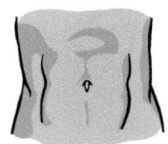

puser

肚臍

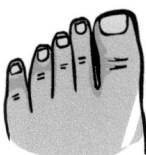

driji sikil

腳趾

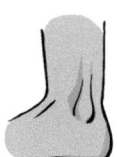

tungkak

腳後跟

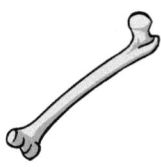

balung

骨頭

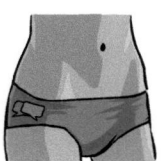

panggul

臀部

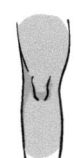

dengkul

膝蓋

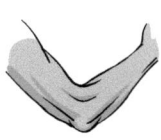

sikut

手肘

irung

鼻子

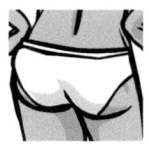

bokong

屁股

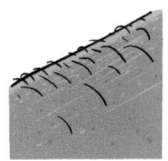

kulit

皮膚

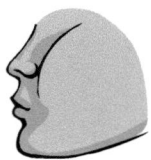

pipi

臉頰

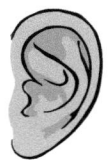

kuping

耳朵

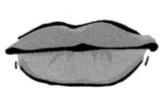

lambe

嘴唇

awak - 身體

lisan

嘴

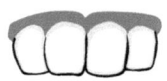

untu

牙齒

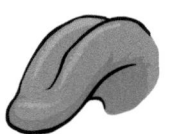

ilat

舌頭

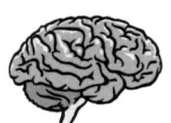

uteg

腦

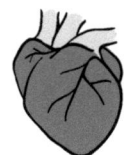

jantung

心臟

otot

肌肉

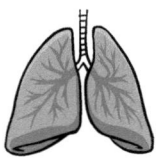

paru

肺

ati

肝臟

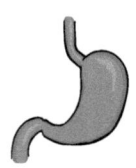

garba

胃

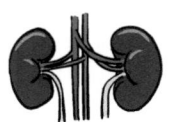

ginjel

腎臟

sanggama

性交

kondom

保險套

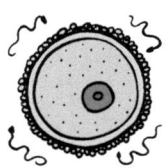

ovum

卵子

mani

精子

mbobot

懷孕

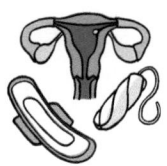

haid

月事

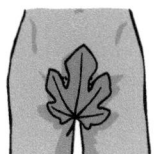

vagina

陰道

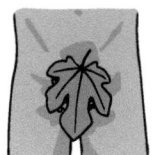

zakar

陰莖

alis

眉毛

rambut

頭髮

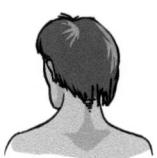

gulu

脖子

griya sakit
醫院

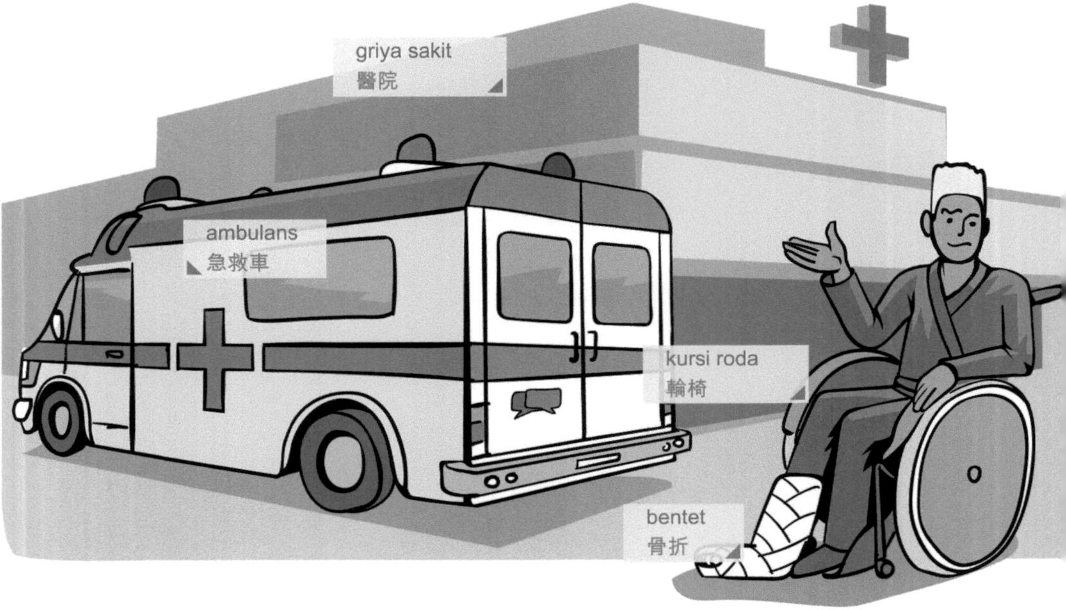

griya sakit
醫院
ambulans
急救車
kursi roda
輪椅
bentet
骨折

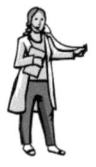

dokter
醫師

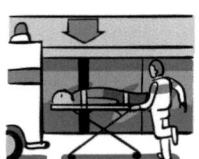

kamar gawat darurat
急診室

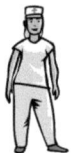

perawat
護理師

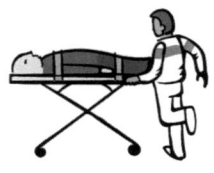

dharurat
緊急情形

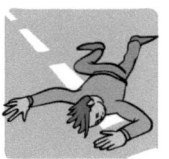

ora sadar
昏迷

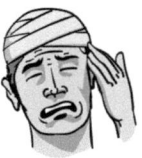

linu
痛

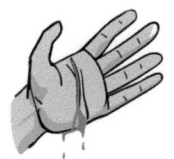

tatu

受傷

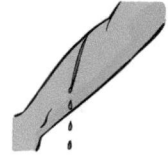

getihen

出血

serangan jantung

心臟病發作

setruk

中風

alergi

過敏

watuk

咳嗽

ngelu

發燒

pilek

流感

diare

腹瀉

mumet

頭痛

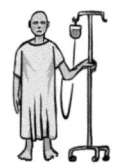

kanker

癌症

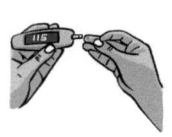

diabetes

糖尿病

ahli bedah

外科醫師

lading bedah

手術刀

operasi

手術

CT

電腦斷層掃描

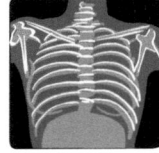

sinar x

X光

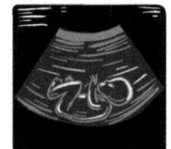

USG

超音波

masker

口罩

penyakit

疾病

kamar nunggu

候診室

pitulung

拐杖

perban

石膏

perban

繃帶

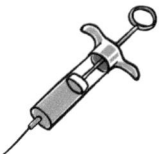

suntik

注射

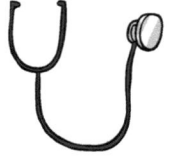

stetoskop

聽診器

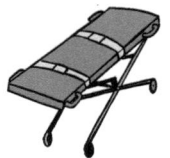

tandu

擔架

termometer klinik

體溫計

lair

出生

kalemon

超重

alat bantu dengar

助聽器

disinfektan

消毒液

infeksi

感染

virus

病毒

HIV/AIDS

愛滋病

obat

藥物

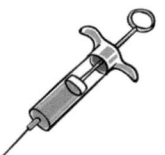

vaksinasi

接種疫苗

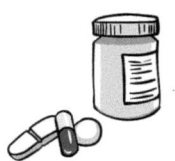

tablet

藥片

pil

藥丸

nomer telpon darurat

急救電話

ngukur tensi getih

血壓計

lara / waras

生病/健康

Tulung!

救命！

alarem

警報

sergap

突擊

serangan

攻擊

bebaya

危險

lawang metu dharurat

緊急出口

Kobongan!

失火了！

alat mateni geni

滅火器

kacilakan

意外

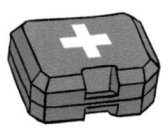

pitulungan wiwitan

急救箱

SOS

呼救訊號

polisi

員警

Eropa

歐洲

Amerika Lor

北美洲

Amerika Kidul

南美洲

Afrika

非洲

Asia

亞洲

Australia

澳洲

Atlantik

大西洋

Pasifik

太平洋

Samudra Hindia

印度洋

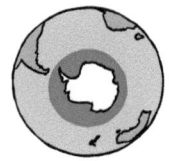

Samudra Antartika

南冰洋

Samudra Arktik

北冰洋

Kutub Lor

北極

Kutup Kidul

南極

Antarktika

南極洲

bumi

地球

daratan

陸地

segara

海

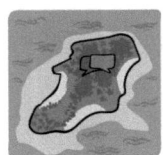

pulau

島

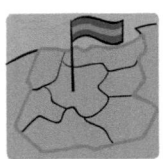

bangsa

國家

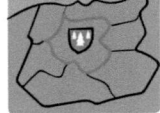

negara

州

layar jam

錶盤

dom jam

時針

dom menit

分針

dom detik

秒針

Jam piro saiki?

現在幾點？

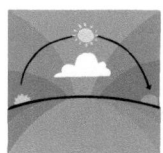

dina

天

wektu

時間

saiki

現在

jam digital

電子錶

menit

分

jam

時

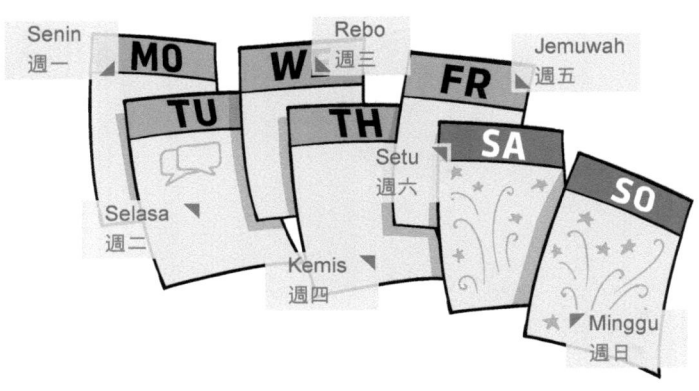

Senin 週一 MO
Selasa 週二 TU
Rebo 週三 W
Kemis 週四 TH
Jemuwah 週五 FR
Setu 週六 SA
Minggu 週日 SO

wingi

昨天

saiki

今天

sesuk

明天

esuk

早晨

awan

中午

bengi

晚上

dina kerja

工作日

akhir minggu

週末

tahun
年

udan es
雨
kluwung
彩虹
salju
雪
angin
風
musim semi
春
mangsa gugur
秋
musim ketigo
夏
mangsa adem
冬

4.APRIL 11°
5.APRIL 4°
6.APRIL 13°
7.APRIL 8°
8.APRIL 10°

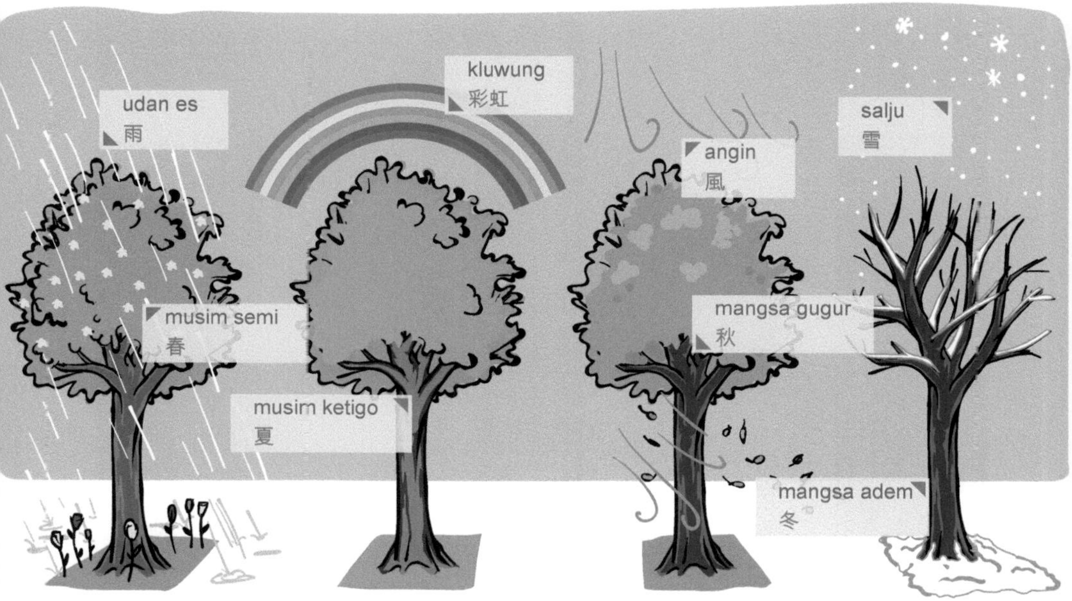

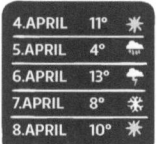

ramalan cuaca

天氣預告

F C
120 40
90 30
60 20
30 10
0 0
-30 -10
-20

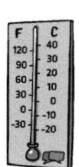

termometer

溫度計

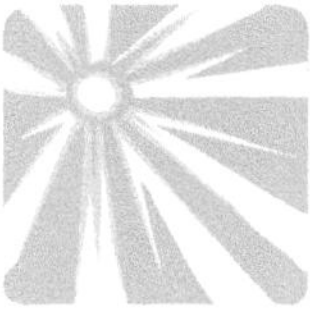

srengenge

陽光

mendhung

雲

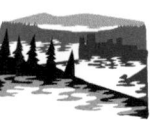

kabut

霧

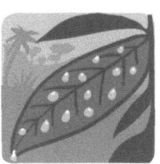

kelembapan

潮濕

kilat

閃電

bledheg

打雷

badai

風暴

udan es

冰雹

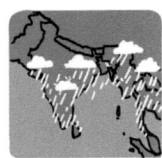

muson

季風

banjir

洪水

es

冰

Januari

一月

Februari

二月

Maret

三月

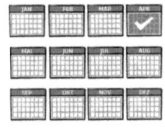

April

四月

Mei

五月

Juni

六月

Juli

七月

Agustus

八月

September

九月

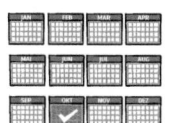

Oktober

十月

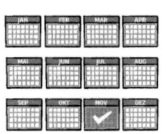

Nopember

十一月

Desember

十二月

bunder

圓形

kuadrat

正方形

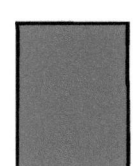

segi papat

長方形

segi telu

三角形

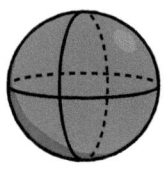

bal

球體

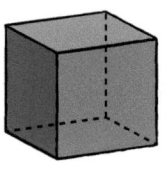

kubus

立方體

putih

白

kuning

黃

oranye

橙

jambon

粉

abang

紅

ungu

紫

biru

藍

ijo

綠

coklat

棕

abu-abu

灰

ireng

黑

akeh / sithik

很多/少許

nesu / kalem

生氣/平靜

ayu / elek

美/醜

pawitan / pungkasan

首/尾

gede / cilik

大/小

padhang / peteng

明/暗

sedulur lanang / sedulur wadon

兄弟/姐妹

resik / reged

乾淨/骯髒

pepak / ora pepak

完整/缺失

awan / bengi

白天/晚上

mati / urip

死/生

jembar / sempit

寬/窄

iso dipangan / ora iso dipangan

可食用/非食用

ala / becik

邪惡/善良

seneng / bosen

興奮/無聊

lemu / kuru

胖/瘦

pisanan / pungkasan

第一/最後

kanca / musuh

朋友/敵人

kebak / kosong

滿/空

atos / empuk

硬/軟

abot / enteng

重/輕

luwe / wareg

餓/渴

lara / waras

生病/健康

illegal / legal

非法/合法

pinter / bodo

聰明/愚笨

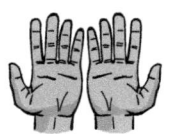

kiwa / tengen

左/右

cedhak / adoh

近/遠

anyar / lawas

新/舊

ora ana / ana

沒有/有些

tuwa / enom

老/幼

urip / mati

開/關

buka / tutup

打開/闔上

anteng / rame

安靜/吵鬧

sugeh / mlarat

富/窮

bener / salah

對/錯

kasar / alus

粗糙/光滑

susah / seneng

傷心/高興

cendhak / dawa

短/長

alon / banter

慢/快

teles / garing

濕/乾

anget / adem

溫暖/涼爽

perang / tentrem

戰爭/和平

0

nol

零

1

siji

一

2

loro

二

3

telu

三

4

papat

四

5

limo

五

6

enem

六

7

pitu

七

8

wolu

八

9

songo

九

10

sepuluh

十

11

sewelas

十一

12
rolas
十二

13
telulas
十三

14
patbelas
十四

15
limolas
十五

16
nembelas
十六

17
pitulas
十七

18
wolulas
十八

19
songolas
十九

20
rong puluh
二十

100
satus
百

1.000
sewu
千

1.000.000
sak yuto
百萬

basa Inggris

英語

basa Inggris Amerika

美式英語

basa Cina Mandarin

普通話

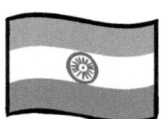

basa Hindi

印地語

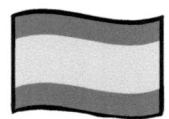

basa Spanyol

西班牙語

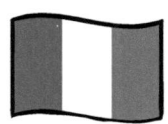

basa Prancis

法語

basa Arab

阿拉伯語

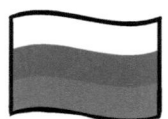

basa Rusia

俄語

basa Portugis

葡萄牙語

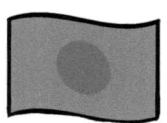

basa Bengali

孟加拉語

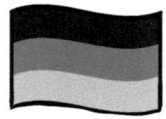

basa Jerman

德語

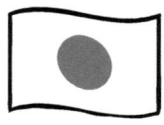

basa Jepang

日語

aku

我

kowe

你

dheweke

他/她/它

kita

我們

kowe kabeh

你們

dheweke kabeh

他們

sapa?

誰？

apa?

什麼？

piye?

如何？

neng endi?

何處？

kapan?

何時？

jeneng

名字

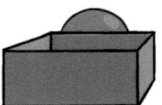

mburi
....
後面

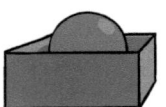

ing jero
....
裡面

ing ngarep
....
前面

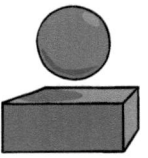

ing dhuwure
....
上方

ing
....
上面

ing ngisore
....
下麵

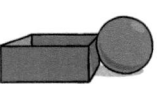

sisih
....
旁邊

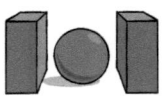

antarane
....
中間

panggonan
....
地點